Pilar María

QUÈ PUC FER AMB LA POR?

Hola! Em dic Dhàlia, i saps què?

De vegades, em sento molt FELIÇ.

D'altres, en canvi, sento molta POR.

Sento que la por em cobreix, com si fos una manta enorme i negra.

Em cobreix de cap a peus.

I només veig ...

... POR.

Però sé que ...

... jo NO sóc por.

Encara que em miri al mirall

i em cregui que sí.

Prefereixo
treure'm la por

i llançar-la ben
lluny de mi.

Però no m'agrada
seguir veient-la...

Què puc fer
amb la POR?

I si hi salto a sobre?

S'embolicaria...

I si la poso sota
la cadira?

S'embolicaria...

I si l'amago?

S'embolicaria...

Què puc fer amb la POR?

Ja ho sé!

La miro de ben a prop...

Ui! Quan la miro es fa petitona.

Ara, fins i tot puc agafar-la
amb les meves mans ...

... i posar-la a prop del meu
cor ...

... perquè el diamant, radiant i brillant,
que tots tenim al nostre interior,
l'il·lumini amb Amor...

... i li assenyali el camí fins a l'Estrella més gran i brillant de tot l'univers.

Ara, la
deixo anar.

Així, la por se'n va per aquest caminet brillant.

En arribar a l'Estrella més gran i brillant de tot l'univers...

...la por s'esmicola en trossets tan petits com gotetes de pluja.

I l'Estrella més gran i brillant de tot l'univers,

abraça cada petita goteta amb la seva Llum.

Així, les gotetes de por,
ja no tenen por!

Ara, brillen plenes
de Llum i d'Amor.

I tornen a la
terra per molts
camins ...

... per unir-se a la llum del diamant, radiant i brillant, que tots tenim dins el nostre cor.

I que ens dóna confiança,
pau i felicitat.

Gràcies a ...

... el meu nadó Dhalia, que va ser un avortament. Ara comprenc el propòsit que hi havia darrere d'aquesta experiència, perquè darrere de tot allò que vivim sempre hi ha un propòsit. Amb ella dins meu, vaig escriure i dibuixar aquest llibre, amb una facilitat i una inspiració, que ara sé que venien d'ella, per poder expressar-se a través de mi i demostrar-me que no som por, i que, si us plau, no m'identifiqués amb ella quan la sentís, perquè hi ha molt més dins nostre, i només hem de sentir-la, lliurar-la i obrir-nos a sentir-nos.

... la meva parella Toni, que ha estat, i és, una bella Llum en el meu camí. Gràcies perquè la confiança i el suport que em demostres cada dia, són molt valuosos per a mi i m'inspiren moltíssim. Em vas mostrar, com en un mirall, el talent i la vàlua que podia començar a expressar i a compartir sense por, perquè aquestes són qualitats de la nostra essència, i que tots tenim, encara que ens costi identificar-les. Mai m'hagués imaginat que aquell conte que vaig escriure i vaig dibuixar de cop, en un moment d'inspiració, l'anava a poder abordar jo mateixa; tu mai no ho has dubtat, però.

... la meva família, als meus amics, a les persones que acompanyo, i als meus companys de feina i famílies, perquè m'ompliu d'inspiració. Gràcies a la Cisne, perquè amb ella vaig sentir, fa uns anys, que havia d'escriure un conte, encara que aleshores no sabia ni de què tractaria. Gràcies a la Marta, una mare de la meva petita escola, perquè, sense ella saber-ho, em va inspirar a començar amb gran decisió. Ella em va fer sentir que aquest conte podria arribar a moltes famílies de tot el món i podria realitzar així un bell acte d'Amor en les seves vides, ja que aborda el Mètode Lliurament, des d'una perspectiva infantil, que és el mètode que utilitzo en les meves sessions d'acompanyament , i que sorgeix fruit de la inspiració que aporta Un Curs de Miracles. Gràcies a l'Adara, que amorosament va llegir aquesta història i em va donar alguns consells i guia en la traducció al català.

... encara que pugui sonar estrany, dono les gràcies perquè per haver estat de baixa, pel tumor d'ovari que em van detectar, vaig poder adonar-me del gran propòsit, entre d'altres, que hi havia darrere d'una experiència així. Durant el temps de la meva recuperació, he pogut materialitzar aquest conte, amb amor i energia, per aconseguir que fos realitat.

... a tots els meus mestres i guies de l'Amor, que m'han acompanyat i que m'acompanyen en el meu procés de creixement personal i re-connexió amb l'Ésser: a la Rosa i al grup del Curs, a la Lola, l'Anna, l'Emi, la Rossy, la Grisy Nava, la J. Angel, la S. Osorio, la S. Sogas, ...

Gràcies, gràcies, gràcies de tot cor.

DIAMANT RADIANT I BRILLANT

Quan sentis molta por, recorda què va fer la Dhàlia.
Tu pots fer el mateix.
Mira què sents, posa-ho a les teves mans a prop del teu cor, on dorm el diamant radiant i brillant que tots tenim, perquè li assenyali el camí fins a l'Estrella més gran i brillant de tot l'univers. Deixa que la por segueixi aquest caminet, perquè la Gran Estrella pugui abraçar-la i transformar-la en gotetes de Llum, i puguin tornar a tots nosaltres en forma de Pau.

I, saps una cosa? Quan tu entregues la teva por, estàs contribuint al fet que moltes altres persones de tot el món puguin sentir Pau i Amor en les seves vides.
Així que ... quan tinguis POR ...
No t'oblidis de DONAR i obrir-te a sentir felicitat!

Retalla aquest diamant i enganxa'l a prop d'on dorms, perquè quan tinguis por, puguis mirar-lo i recordar què va fer la Dhàlia per deixar de sentir POR.

www.ingramcontent.com/pod-product-compliance
Lightning Source LLC
Chambersburg PA
CBHW042112110726
48006CB00002B/611

* 9 7 9 8 7 3 7 4 6 1 4 7 8 *